MÉTHODE

POUR

APPRENDRE A LIRE,

ÉCRIRE ET L'ORTHOGRAPHE,

EN TRÈS-PEU DE TEMS.

MÉTHODE

POUR

APPRENDRE A LIRE,

ÉCRIRE ET L'ORTHOGRAPHE,

EN TRÈS-PEU DE TEMS.

A METZ,

Chez VERRONNAIS, Imprimeur-Libraire-Éditeur,
au haut de la rue des Jardins.

1829.

ALPHABET.

a b c d e f g h i
j k l m n o p q r
s t u v x y z.
æ œ ff fi ffi fl ffl.

LES CAPITALES.

A B C D E F G H
I J K L M N O P
Q R S T U V X Y
Z Æ Œ.

*

*a b c d e f g h i j k l m n o p q r s t
u v x y z.
æ œ ff fi ffi fl ffl ß.*

i n m u l t h v y
x k z c e o a b
d j g p q ſ s r.

MÉTHODE

POUR
APPRENDRE A LIRE,
ÉCRIRE ET L'ORTHOGRAPHE,

EN TRÈS-PEU DE TEMS.

Lorsque l'enfant aura appris par cœur les vingt-cinq lettres de l'alphabet, ce qu'ils font généralement avant d'en connaître une, on les dispose ainsi qu'il suit : $i\ n\ m\ u\ l\ t\ h\ v\ y\ x\ k\ z$ $c\ e\ o\ a\ \ \ \ b\ d\ j\ g\ p\ q\ f\ s\ r$. Puis on lui fait voir que *i* est une ligne droite surmontée d'un point, et on la lui fait tracer sur du sable, avec le doigt; *n* deux lignes droites réunies par le haut; *m* trois lignes, etc. La première leçon peut être de cinq ou six lettres qu'il apprend à reconnaître et à tracer sur le sable. Épreuve faite en quatre leçons de dix à douze minutes, il peut connaître toutes ses lettres en un jour ou trois au plus. Pour s'assurer qu'il les connaît bien, on lui fait tracer, sans modèle, les lettres qu'on lui demande. Pour cela, il est obligé de bien regarder la forme des lettres qui s'impriment ainsi dans son esprit, où il les fixe en les traçant sur le sable.

Lorsqu'il connaît toutes ses lettres, on les lui fait assembler; comme il y a environ mille syllabes en français, cela peut prendre deux mois, trois au plus; parce que, quand il a épuisé le *b* et le *c*, les autres vont très-vite.

Du moment qu'il épelle, on lui donne un faux crayon, avec lequel il trace ses lettres sur le sable. Il n'est pas nécessaire de se fatiguer pour lui montrer comment il doit le tenir, il le tiendra de lui-même comme il faut.

On lui donne en même tems une ardoise sous laquelle est un morceau de gros linge, dont les bords ourlés sont repliés par-dessus et assujettis aux quatre coins, de manière à former une espèce de cadre : ce cadre, couvert de sable, lui sert de cahier d'écriture, jusqu'à ce qu'il se serve de la plume. Comme ce linge est pour retenir le sable, s'il était trop clair, il faudrait le frotter avec de la cire, ou tout simplement avec un peu de colle faite avec de la pomme de terre. Il faut aussi, avec du fil de couleur, faire sur l'ourlet qui est à gauche, deux points, à quatre lignes au-dessus l'un de l'autre, lesquels correspondent à deux autres points semblables sur l'ourlet qui est à droite. Cela suffit pour l'habituer à écrire droit, sans règle et sans transparent.

Lorsqu'au bout d'un mois ou à peu près, il trace régulièrement et facilement ses syllabes sans modèle, on lui donne une plume presqu'usée et qui aurait grand besoin d'être taillée, et avec cette plume il trace ses lettres sur le papier, comme avec sa baguette, sur le sable : ce qui lui rend la main très-légère; avantage que sont loin d'avoir ceux qui ne commencent à écrire que lorsqu'ils savent lire, et même ceux qui écrivent d'abord sur l'ardoise. Lorsqu'il a épelé toutes les syllabes, il lui est facile de savoir lire en peu de tems, puisque les mots ne sont composés que de syllabes et qu'il les connaît toutes.

Les avantages de cette méthode, aussi simple que facile, consistent :

1.º Dans la disposition des lettres qui, commençant par la plus simple, se distinguent ensuite aisément par la ressemblance et la différence.

2.º En ce qu'aussitôt que l'enfant peut tracer toutes ses lettres sans modèle, on lui donne un faux crayon qui lui rend la main légère et le dispose à se servir de la plume, avec autant d'aisance que s'il écrivait depuis longtems.

3.º En ce que, forcé de donner quelqu'attention à sa tâche, il apprend mieux et plus vite; remarquant à chaque instant ses progrès, il apprend aussi avec plus de plaisir, et se trouve mieux disposé pour recevoir avec fruit les autres leçons qu'on lui donnera plus tard.

4.º En ce qu'elle se prête à tous les modes d'enseignement. Dans les écoles publiques, l'enfant plus occupé, exige moins de surveillance et cause moins de trouble; le maître emploie mieux son tems, et juge plus facilement des progrès de ses élèves. Dans les maisons éloignées des instituteurs, les enfans, en la suivant, peuvent apprendre à lire presque sans maîtres et en très-peu de tems.

5.º De deux enfans dont l'un apprendra à lire par cette méthode, et l'autre de la manière actuellement en usage, le premier doit savoir lire beaucoup plutôt : n'y eut-il aucune différence, cette méthode serait encore bien préférable; puisque, lorsque le second sait seulement lire, le premier sait lire, écrire et passablement l'orthographe.

Celui-ci, connaissant toutes les syllabes de la langue qu'il a épelées, étudiées et écrites plusieurs fois, ne peut être arrêté par aucun mot : par la même raison, il doit écrire ces syllabes comme il les a apprises, parce qu'il n'a pas de raison pour les écrire autrement.

ai e s	ba i e n t	be au
ai e nt	ba p	be f
ay e nt	ba r	be l le
ay o ns	ba s	be n
aï	ba t s	be r
aï e u x	ba i l	bey
ai m	ba i n s	bi a i s
ai n	ba ï on	bi e n s
	b au	bi a i e
ba c s	bay e u rs	bi e z
ba l s	ba z	bi a n
ba m	b de l	bi f
ba n c s	be c	bi l

bi m	blon d s	bou a r d
bi n	blo t	bou c
bi o	blou s e	bou e
bi s	blu	bou f
bi t	bo n ne	bou i s
bla i	bœu f	bou r
ble a u	bœ ux	bou s
bla u	boi s	bou t
blay e r	bo l	boy a n t
ble t	bo m	boy a u
bleu e	bon ds	boy e r
bli n	bor ds	bra c
blo c s	bo t	bra s

bra i e	bri m	bru
brai l	bri n	bru i t
bra n	bri o n	bru n s
bray e r	bri s	bru s
bray e t	bro c s	bru t s
bray o n	bro i e	bru y ant
bra i l	bro n	bu r
bre s	bro s	bu a r d
breu i l s	brai e nt	bu c
breux	bro u t	bu é e
bri	brou i l	bu f
bri e f	brou i r	brù s
bri l	brou s	bu t s

(14)

bus	car	chal
buscs	cas	champs
bys	caus	chants
	cei	chaos
ca	cein	chap
caient	cel	chars
caïx	cents	chas
cail	cep	chats
çais	cerfs	chaud
cal	ces	chauf
camp	cet	chaus
can	char	chaux
cap	chairs	chef

che p	cho c s	chu t
che r	cho c u r	chy
che z	cho i r	ci l
che i e r	cho n s	ciel
chey e r	cho p	ci eux
che z	cho i x	ci e r
chi a u x	cho u x	ci n
chi e n	choy e r	ci s
chi e r	chre	cla i e
chi f	chri s t	cla i r s
chi n	chri e	cla m
chla	chro	cla n s
chlo	chry	cla r

cla s	cly s	cor p s
cla u s	co a c	co s
cla y ons	co r s	co s
cle f s	cœ u r s	co t
cle r c s	coi f	cou p s
cli n	co f	cou r s
cli s	coi e	cou t s
clo a	coi n s	cou s
cloi	co l	cra c
clo r	co m p	cra m
clo s	con s	cra i e
clo u	co p t	cra i n t
clu	co q	co u r t e

cran	croyable	cys
cras	croyant	czar
crayon	cryp	
créan	cruc	dac
creux	cu	dail
cris	cueil	daims
crocs	cuil	dain
cros	cuir	dais
crot	cuis	dal
crox	cul	dam
croix	cur	dans
cron	cus	daph
crous	cym	dard

das	dian	domp
danct	dien	donc
dents	dieu	dont
des	dif	doient
der	diph	dos
det	dis	dots
deau	diur	douce
deu	dix	douel
deuil	dois	douïl
deux	doigts	duegne
dex	doit	doux
dey	dor	drag
dia	dog	doyer

doyen	drog	eille
drach	droit	emp
drait	dros	ent
drais	dru	enne
drar	drya	eux
dras	duits	euse
drau	duc	eim
draient	duel	ein
drayer	duo	
drer	durs	fac
dreau	dreux	fayen
dres	dys	fail
dris		faim

fain	feints	fiel
fais	fem	fier
faits	fen	fils
faix	fers	fins
fal	fes	fisc
fants	feue	flas
faon	feuille	flair
fard	feur	flancs
fas	fir	flat
fats	fian	fléau
faus	fic	fleg
faux	fief	fleurs
fée	fien	flits

(21)

flo t s	fo s	fra y e u r
flo u	fou a c e	fra y e r
flu x	fou	fre s
flu c	fou e t	fre t
foi s	fou i n	fre u x
foi e	fou r s	fri a
foi n s	foy e r	fri t
fo l	fra c	fria n d
foui l	fra i s	fri e r
fon c	fra m	fri e
fon d s	fra n cs	fre i n
fon t s	fra p	fri n
fo r	fra u	fro c

froid	fraient	geait
fronts		geaient
frot	gaie	gein
frouer	gail	gel
fruc	gain	gens
fruits	gal	geole
frus	gam	geons
fuient	gants	ger
fuir	gand	ges
ful	gar	gib
fun	gas	gem
fus	gaus	glas
fuyards	geat	glaient

glais	gner	gouil
glands	gnon	gourd
glayeuls	gnoir	gous
gleux	gob	goya
glet	gouelet	grains
glis	goem	grail
glos	gof	grais
gloi	goi	gram
glot	gom	grande
glou	gond	grap
glue	gouts	gras
gly	gnaient	grat
gneurs	got	grec

gre f	gru e	ha i e
ge o i s	gru y e r	ha i l
gre ye r	gry	ha i t
gri f	gu a i s	ha ï r
gri l	gua r d	ha l
gri m	gu e i l	ha m
gri n	gu el	ha n
gri p	gu e m	ha p
gri s	gu e r	ha r d
gros	gu e t	ha i s
gna r d	gu e u x	ha s
gne r	gui l	haut
gron	gui m	ha u s
groi n	gui n	he a u
gro t	gy m	he b
grou i l	gy p	he i
gru a u		he l

he m	hou a	ja m
he n	hou i l	ja n
he p	hou l	ja p
he r	hou p	ja r s
heu r t	hou r	ja s
hi e r	hou s	ja t t e
hie n e	hu m	jau
hi p	hu p	jeo n
hi s	ho y a u	je t s
ho c	hu e	jeu x
ho i r s	hui s	joie
ho l	hu r	joi n t s
bom m e	hu s	jo n c s
bo n	hy m	jo t
ho r s	hy s	jou e
ho s		jou f
ho t		jou g s

jou r s	la i t	li a i s
joy e u x	la m	li t s
jui f s	la n	li e r
ju i s	la on	li e u x
ju x	la ps	li e u e
	la r d	li t s
ka	la st	li e
ke	la t	li m
ki o s	la u	li n x
kr e m	lay er	li p
ku r	laz	li s
ky s	lec	lo f
	le m	loi s
la c s	le n	loi n
lai sse	le s	lo k
la i ds	li e f	lo m
la i e n t	leu r s	lon gue

lo r d	ma i s	mi e
lo t	mai e n t	mi ens
lou r d	ma l	mi eux
loy e r	ma m	mi l
loy al	na n	mi ne
lu i	ma r s	mi
lu n	m a p	mi s
lu s	m a s	mi x
luth	ma t	mon
lych	mau s	mo el
ly m	me s	mœurs
loyauté	me ts	moi s
	mens	moi ns
ma c	me rs	mo l
ma f	me tz	monts
ma i ls	meurs	mons
ma ins	me z	mo r t s

mo s	ne i	oy i au
mo t s	ne r f	
mo u s	ni a i se	pa l
mou i l	nœ u ds	pai l
moye ns	nou r s	pai ent
moy e n s	noi x	pai ns
moy e u x	noy a u x	pai rs
ma l	ne a u x	pa ns
mu i d s	ni e r	pa on
mu r s	nu a i l	pa m
mu s		pa r t s
my c	œ u f	pa r c s
my r	œ ux	pa sse
my s	œ i l	pa u
	oi e	pa y er
na i s	ou a	pa y s
nai e n t	oui e s	peaux

pe r	pi e d s	pli s
pei n ts	pi ns	pli n
peur	pi on	plo m b
peut	pi s	plu i e
pha	pla i d s	ploy er
phe	pla ie	plu s
phi e	pla i n te	plu t
ph le	pla i t	ply
ph lo	pla ns	pneu
phos	pla n ts	po m
phra g	plu s	poi x
phre	pla t	poi ds
ph thi	pla u	poi l
phy	ple	poi n gs
pia f	ple in	poi n t s
piai l	pleu r s	poi s
pi er	ple yon	pon ts

por cs	pro u	qu a i
por ts	prou e	qua r t
po s	pru	que l s
po t s	pry	que s
pou x	pral	que u r s
pou i l	pra u	que u e
po u r	prea u	qui l
pre au	preu	qui a
pren ds	pro	qui nt
pra i e n t	pry	quo
pre s	pu er	quoi
pre t s	pu i s	
pri a n t	pu t	ra f
pri n	pu s	rai e s
pri s	py	rai e nt
pro s		rai n
prom p t	qua n d	ra l

ra m	ri s	sa c
ra n	ro c	sa i e
ra p t s	ro i e nt	sa i l
ra s	roi t	sa i n t s
ra t	ro m	sa n g
ra y e r	ro n d s	sa n s
re c	rou a n	sa s
rei n	rou e l	sa t
re n	rou en	sau t s
rha	rou e	sca
rhe	r up	sce a u x
rhi n	rui s	sce l
rho m	ru t	sch e l
rhu	ry te	sch i s m
rhy	ry th	sci e
ria n t		sci e n
ri e n	sa b	sci n

sci s	si e n n e	soui l
sco r	si f	sou s
scri p t	si m p	spa l h
scro	si n	spe
scra	si r	sphe
scur	si x	sphi n c
scy	sma	sphi n x
se c	sof	spi
sei n g s	sœ u r s	sple
se l	soi e	spon
se m	soi n s	spa
se n s	soi r	s qu a m
se p t	soi t	s qu e
se r f	sol	s qu i r
se s	som me	sta d
si c	son	sta l
si e d	sou f	sta n

ste l	su s	te r
ste r	sys	te s t
sti g		te t
sto k	ta f	te x
stra	ta i l	ther
stri c t	ta c	thlas
stro	tai e n t	thon
stru c	ta l c	throm
st yx	ta m	thu
su a n	ta n t	thym
su b	ta r d	ti a
su e r	ta s	ti e r s
su f	ta u x	ti e n s
sui	te i n t s	ti l
su l	te l	ti m
su p	te m p s	ti o n
su r	te n	ti r

ti s	tra i t	trop
to c	tra i en t	tro t
toi t	tra n s	tro u i
to m	tray on	tro u s
ton n e	tre s	tru c
to r	tre i n	tru a n
to s	tre i l	tru f
to t	tre m	tru i e
tou e	tre n	tu
tou f	tre u i l	tu e u x
to u r s	tri c t	tu f
to u x	tri ph	tu i
to u t.	tri s	tu r c
tou i l	troc	tu s
tou t	tro l	tu y a u
tra i l	tro m	ty
tra i n	tronc	

un e	ve n t s	v o
ur	ve r s	vo i e
us	ve r t e	vo e u x
	vé s	vo i r
va i e n t	ve u f	vo i s
va i s	ve u x	vo i x
va s	vi a n	vo u e n t
va i l	vie	vra i e
va i n c s	vi e i l	vra i e n t
va i r	vi e u x	vri e r
va l	vi e r	vue
va n t	vi f	vu l
va u	vi l	vre u i l
ve a u x	vi n	vre u r
va y	vi o l	wa l
ve c	vi r	wi g h s
vei l	vi s	wo l

x a	x u	ye ble
x e	x y	ye l
x i		y e u x
x o	y a c h t	y o

FIN.

www.ingramcontent.com/pod-product-compliance
Lightning Source LLC
Chambersburg PA
CBHW061009050426
42453CB00009B/1347